작가와문학 시선 005

개뼈다귀 인생

작가와문학 시선 005

개뼈다귀 인생

인쇄 · 2025년 9월 10일 | 발행 · 2025년 9월 10일

지은이 | 강성식
펴낸이 | 김나인
펴낸곳 | 작가와문학

주간 · 고안나 | 편집 · 최충식 공화순 | 마케팅 · 공화순
등록 · 2012년 3월 17일
주소 · 충남 보령시 주공로132(대보주택 8동 302호) 작가와문학
대표전화: 010-8813-0109
이메일 · shfnrndepddl@hanmail.net

ⓒ 강성식

ISBN 979-11-967751-9-3
값 10,000원

저자와의 합의에 의해 인지는 생략합니다.
이 도서의 전부 또는 일부 내용을 재사용하려면 사전에 저작권자와
작가와문학의 서면에 의한 동의를 받아야 합니다

작가와문학 시선
005

개뼈다귀 인생

강성식 시집

개뼈다귀 인생

| 시인의 말 |

가슴이 아픈 사연들이 시시때때로 밀려온다.

바람처럼 날아가 버렸던 한때의 젊은 날
과거는 쓸모없는 검불에 지나지 않았다.

지금 우리가 사는 시대는 미련이 대척되는 허황한 꿈속에 살고 있나 반성해 본다.

인생을 황폐하게 만들고 있는 시련의 틈바구니 희망이 되어 되돌아오는 시절
그날이 언제인지는 알 수 없지만
언젠가는 오리라는 희망을 품는다.

2025년 봄날
강성식

| 차례 |

■ 시인의 말

제1부

욕망의 바다	17
구도	18
소실점	20
생각의 층위	21
전율	22
벡터	23
절규	24
불나방	26
아마데우스	27
피에로	28
외관	29
자각	30
홀로그램	31
흔적	32
단초	33
동향	34
한줄기 빛	35
관계	36
울림	37
방랑의 길	38
여백	39
능욕의 눈길	40
맥락	41
모토	42
악의 삼위일체	43
키워드	44
익명의 도시	46
차이	48
혼돈	50
역설	52

| 개뼈다귀 인생 |

제2부

모색	57
세월속에	58
베일	59
변방	61
과제	63
호명	65
비등점1	67
정점	69
덧없는 인생	70
젊은 날의 초상	71
데칼코마니	72
모나드	74
스케치	76
울타리	78
외전	80
소묘	83
존재	85
길항	86
기로	88
벼리	90
변두리	92
모멸감	93
비정	95
개뼈다귀 인생	97
관능의 문	99
위선도 선	101

| 차례 |

제3부

크로노스의 시간	105
선회	108
징표	110
사선	112
음영	114
카오스	116
실뿌리	118
박편	120
밀약	122
장벽	124
결핍	126
덫	128
기착지	129
조감도	131
사투	133
어떤 하루	134
고독이 남긴 상처	135
가시	137
구심점	138
연리지	139
조락	141
설산	142
정거장	144
신화같은 세상	146
최후의 보루	147
생각의 처지	149
자본의 매커니즘	151
풍속도	153
고난의 길	155

| 개뼈다귀 인생 |

제4부

유폐	159
기억의 바다	161
그림자	163
등불	165
비밀의 정원	167
에포케	169
리얼리티	171
고목	173
광경	174
착지점	175
보로메오 매듭	176
스칼라	177
유니크	179
열리지 않는 문	181
극지	183
퇴화	184
포물선	186
미지수	187
일탈	189
접지점	191
패닉	193
셧다운	195
레알	197
비문	198
곳간	199
적대의 틀	201
척도	203
물마루	205
적층	207
일몰	208

개뼈다귀 인생

욕망의 바다

제1부

개뼈다귀 인생

욕망의 바다

돛을 펄럭이며
출항한다

풍경에 사로잡힌
내면에 들끓고 있는 여정

흉곽의 그늘 아래 고여 있다

시간의 갈래
깊이를 가늠하기 힘들고

귀착되지 않은 경로로 가고 있는
어둠의 바다

거친 물결 거슬러
욕망의 시위를 당긴다

가파른 겨울 산의
고요가 오랫동안 서 있다

구도

고뇌하는
세속의 독백

그네를 타듯
초월을 꿈꾼다

가질 수 없는 세상의 모진 바람이
풍경속으로 불어간다

하늘로 연기가 피어오르듯
경계가 무너지고

기억의 편린들이
떨어져 나가고 있다

삶과 죽음이 어디인지
알 수 없는 얼룩처럼 번져가고 있다

현실은 요동치고

혼돈 속으로 들어간다

인생은 아이러니하고
미스테리하게 직조된 탄식인가 보다

소실점

추락하는 순간도
요원한가 보다

밑바닥에 흐르는 기류는 요동치고
외로움의 강도는
운명의 굴레이다

지워지지 않은 흔적
선명한 색상으로 인화된다

또 다른 기억도
테두리에 존속하는
불가피한 요소이다

낯선 시간으로 가는
사유의 정점으로
꽃이 떨어진다

생각의 층위

마음속에서 우글거리는
감정의 실타래

웅크린 카테고리 안에서
생각을 견인하고 있다

두 발을 붙이고 살아가는 의미의 틈새
무슨 결심인가

삭막한 현실의 순간
기억의 저편에 무슨 일이 있을까

미지의 세계에
수수께끼와 같은 영역으로 들어간다

둘러쳐진 장벽 안에
불꽃을 피워 올리듯 각성한다

우연을 가장한
신기루 같은 일이라도 있을까 보다

전율

미궁으로 들어간다

자가당착에 빠져있는
건널 수 없는 심연

백지 위에 떠 있는 영혼은 유령처럼
떠돌아다니고

결핍의 공간으로
촘촘하게 다가오는 일상

비루한 삶에도 기적은 있을까

덫에 걸린 빗장이 옥죄고
안개가 자욱한 이정표

피를 흘리는 발진의 순간
무게를 잃어가는 전율이 휩싸이고 있다

벡터

갈망은 썰물처럼 빠져나가고
허망은 밀물처럼 밀려온다

논리적 그물이 찢어지고
귓가에 울리는 우울한 가락

편견의 굴레는
거대한 바람 앞에 몸부림친다

가야 할 곳은 어디인가

상상의 범주 속에
눈에 보이지 않는 벡터를 추구하고 있다

절규

배면에 깔린 생각
가슴을 파고든다

도래하지 않은 시간
각성의 순간을 불러오고

정점에서 그려지는 잔상
낯선 곳을 향하여 떠나간다

장벽 속에 갇혀 있는
비루한 존재

망각과 무지로 얼룩진
삶의 절규를 들어야 한다

체제 속에 매달려 있는 세상
생동하는 가치를 얻어야 한다

궤도를 이탈한 그림자

망루 위로 다가오고
거짓된 세상은
광기의 울부짖음으로 거듭나고 있다

불나방

어둠이 깊어 가는
낯선 곳으로 불나방처럼 달려들고 싶다

산산이 조각나
휘발하는 아슬아슬한 존재

더는 미련을 두지 말자고
침묵의 입마저 불사르고 싶다

은폐되어 가는 악몽을 펼치기 전에
아쉬움의 한계도 지워버리고 싶다

*아마데우스

동전의 양면처럼 살고 싶었다

그대와 나 성찰의 시간으로 울리는
천상의 소리

펄럭이는 어둠 속에서도
영혼의 구름이 밀물처럼 밀려온다

* 모차르트의 음악을 말함

피에로

아이러니한
상황 속으로 들어간다

스크린으로 인식하고 있는 섬뜩한 꿈
고정관념으로 박혀있는
가슴 아픈 기억

모스부호처럼 떠돌고 있는 바람이
달빛에 일렁이는 선율을 흔들고 있다

어둠이 어둠을 바라보듯
검은 수의처럼 고독이 흐르는 두께

그림자 쪽으로 몸을 비비고 있는 나뭇잎처럼
애당초 빛이 없이 흐느적거리고 있다

외관

그녀는 무슨 옷을 입었을까
상상의 물결을 타고 있다

봄바람 타고 살랑살랑
내게로 전해오는 느낌

하지만 그녀가
나를 사랑하지 않으면 어떻게 해

아지랑이 속 같은 마음에
파스텔을 칠한다

자각

뒤집어보면 안다

어둠이 웅크린 내면
풍경도 보이지 않는다

낮은 숨결로
무엇을 움직일 수가 없다

적막을 깨트리는
질문 하나

선뜻 들어오는 나잇값이다

홀로그램

서늘한 한기
프리즘으로 분산되어 가고

욕망의 거울이 깨지는
날 선 비명소리
고뇌의 편린으로 날아다닌다

망각의 밀도를 높여
무한대의 공간을 유영한다

흔적

비애의 단층에
바람이 지난다

고요한 의미를 지우려
시간이 역류하고 있다
봄을 기다리는
뼈아픈 염원
고통의
삼투되어 가는 깊이를 가늠해 본다

단초

그가 나를 떠나가리라고는
생각도 못 했는데

장막 속에
채워지지 않는 빈자리

나 혼자만의 상상이
너를 그리하였나 실마리를 찾아본다

동향

장벽이 둘러쳐진 세상에서
이념의 논쟁을 벌인다

녹슬어 가는 역사는
찾는 이 없고

모호하게 발생하는 가치만이
전능하다

삶의 언저리에
섬뜩한 전율로 다가오는 은전이
아무래도 독이다

모호한 시대의 아픔이
가슴에 응어리로 뭉친다

한줄기 빛

잿더미 위에 새 생명이 자란다

저주받는 삶은
남루하고 추악한 속에서 새로운 꿈을 꾼다

관계

이질적인
하나의 질문

너는 교활한 시선으로
나의 비애를 들춰내고

예기치 못한 상황으로
추락시킨다

문밖에서 서성이는
미지의 시간

아무래도 나는
착각 속에서 살고 있는가 보다

울림

헤아리기 힘들었다

삶의 꼭지를 만드는 사념
자신의 의지 밖이다

과거로 침잠하는
파도는 여전하다

시련은 얼만큼 시간을 요할까
죄의식의 불빛이 자신을 불러내고 있다

아프게 때리는 울림이
성찰의 공간에 가득하다

방랑의 길

곤욕스러워했던 말
풀리지 않는 오해로 남아있다

모든 것을 상실한 상태에서
빈손으로 마주하게 되는 순간
침묵으로 일관한다

쓸쓸하고 먹먹한 감정을 억제하지 못하고
일어서며
갈 곳을 정하지 못한 비루함이다

모호한 일이라고
뒤를 돌아보지 않지만
그래도 불가사의하게 따라오는 그림자를 어찌하랴

여백

고뇌에 찬 망상
헛된 일이다

뒤틀린 감정으로
방랑하고 있다

불가분의 관계를 잡아당기는
적대시의 느낌

테라스 아래
피곤한 내 마음 앉혔다
언뜻 눈에 가득 차는 하늘
아직은 여백으로 남아있다

능욕의 눈길

가슴에 품었던 말이
뒤죽박죽인 채
배회하는 가슴으로 파도가 밀려온다

예측할 수 없는 침묵이
무의미한 일상을
제어할 수 없다

헛된 망상에 사로잡힌
귀가의 노정
가로등 불빛 아래 눈이 내린다

몸을 웅크리고
잠 못 드는 밤

내면에 들끓고 있는
능욕의 눈길은 부종처럼 번지고 있다

맥락

무슨 의문 하나
상투적인 질문이다

그녀와 나는
늘 삐걱거리고 있다

생각지도 않은 일을
앞서서
숨이 가쁜 긴장을 조성한다

동전의 양면 관계라지만
맥박이 풀려있다

무슨 맥락인지
알지 못할 그녀의 목적이다

모토

무엇이
근간을 흔들고 있는지

헤아리기 힘든
시간으로 가고 있는 존재이다

숙명으로 따지면
마음이 편할 텐데

강박관념으로
고착되어 가는 사고

완벽한 일치를 꿈꾸는
모토에서 다시 시작하고 싶다

악의 삼위일체

격정이 휘몰아치고 있다

피해의식에 시달리고 있는 영혼
속내를 헤아리지 못하고 있다

비감 어린 질문을 던지고 있는
비극적인 일상사
구구절절 말하지 않아도 알아차릴 정도다

얼음 방석 위의 맨살처럼 아픈
노골적인 핍박과 멸시
혹독한 환경과 싸워야 했다

가공할 만한 위력에 침식당하고 있는
대립과 갈등
가위눌림을 당하고 있다

뿌리 깊은 콤플렉스
공포와 불안의 표출
한입 물은 피를 뿜은 것 같이 보였다

키워드

현실의 궤도를 이탈한
혜성 같은 삶
균형이 허물어지고 있다

서쪽 창에 비친 달빛
어슴푸레하게 보이고
쓰라린 물질적 빈곤을 연상하고 있다

척박한 환경과 접점을 형성하고 있는
과도하게 쏠린 자신의 운명
시대의 전위를 자체했다

유토피아적인 향수
그림자처럼 거느리고
두 개의 키워드를 중심으로 전개되고 있다

서로가 서로의 거울로 보이는
비교가 불가능한 막연한 동경
서운함과 분노를 느낀다

각성이란 정해진 경로
사사건건 조바심을 내고
무엇에 홀린 채 창밖을 바라본다

익명의 도시

지독한 슬픔이 서려 있는
섬처럼 떠 있는 작은 도심
극한 상황으로 내몰려가고 있다

탁하게 번진 달 아래
걷고 있는 외롭고 힘든 사람들

한 치 앞도 보이지 않는
퇴락한 역사의 뒤편 속으로 비명을 삼키고 있다

높은 빌딩처럼 자라나고 있는
결코 채울 수 없는 욕망
어처구니없는 반응으로 되돌아오고 있다

타인의 절망 따위에는 관여하지 않는
거대한 익명의 도시

사방에는 회색 콘크리트로 막혀 있고
아무리 발버둥 쳐도 벗어날 수가 없다

하찮은 일에는 관심이 없는
이 한 겹뿐인 도시적 삶

지옥을 살아가듯이
상상할 수 없이 거친 바람이 휘몰아치고 있다

차이

끝나지 않는 최악의 상황
뜨거운 것이 치밀어 오른다

무심하게 전개되는
남루한 운명
삶의 나락으로 떨어진다

참을 만큼 참고도
더 참아야 하는 가혹한 현실
눈을 돌려 확인해 줄 마음 어디에도 보이지 않는다

셈해지지 않는 현존
일말의 가능성도 허락하지 않고
다른 세계로 들어선 것 같았다

주체할 수 없는 분노
어디에도 보이지 않고
치명적인 상처를 입는다

완강하고도 명청한 확신

도저히 빠져나올 수 없는 곳으로 가고 있다

일그러진 정체성
밤이 되면 되돌아오고
아무리 발버둥 쳐도 넘을 수 없는 차이를
만들고 있다

혼돈

연장선상에 놓여 있는
상이한자리
정령의 그림자는 묵도하고 있다

부정적인 관계 속에서
폐기되어 가고 있는
가치 창출

끝을 암시하고 있는
소거되어 가고 있는 삶이다

앵글 속으로 들어가는 피사체
헤아릴 수 없는
시선은 감정이 없다

변주되지 않는
미지의 세계에
백지 위에 허점을 달고 오는 모순이다

사물의 목줄을 쥐고 있는

불완전한 관계 속에서
추상적인 상상으로 제 모습을 본다

역설

발화되지 않은 생각
환상의 그물에 걸려있고
회한이 밀려온다

허공을 가르고 있는
끝이라는 단어
무력감에 빠지고 있다

다시 찾을 수 없는 이항 대립적 관계
판파지가 깨져가고
구별이 모호해지고 있다

마음을 저울질하고 있는
어쩔 수 없는 인지상정
혼란과 두려움에 빠진다

환멸로부터 이어지는 비루한 삶
번개처럼 스쳐 가듯
회의감에 빠지고 있다

한계를 노정하고
다가오는 역설
텅 빈 페이지에 불과하다

개뼈다귀 인생

모색

제2부

개뼈다귀 인생

모색

봄이 되자
새들도 신명이 나있다

재빨리 짝짓고
새끼 치고 알콩달콩 사랑한다

그것들은
경계가 없다

있는 그대로
제 고유한 성질을 드러낼 뿐이다

나도
무거운 족쇄를 풀고

드넓은 봄 들판을 차지할
통 큰 모색을 하고 있나 보다

세월속에

나 이제 가련다
숲과 자연이 숨 쉬는 곳으로
호숫가에 귀 기울이는 물결 소리
인생도 저리 허물어져 갈 것을
알 수 없는 곳으로 달아나는 세월의 흔적
흙으로 빚어진 형상은
다시 흙으로 돌아가고
모래성 같은 그리움이
소망으로 떠오를 때
머뭇거리는 시간의 노을을 맞이한다
주름진 침묵이
깊은 어둠을 이끌고 있다

베일

황폐해진 자신감에
불을 당긴다

이어온 맥락이
불가사의하게 충돌하고

헤아릴 수 없이
의문 부호 속에 들어간다

구태의연한 일상이
자신을 채근하고

어처구니없는 현실이
뒷걸음질 치고 있다

꼭두각시처럼
형태를 부여하고 있는 것은 무엇인가

자신을 찾으려

밑바닥을 두드리고 있는 울림
알지 못할 베일 속에
반추되어 가는 피 끓는 청춘이다

변방

항해를 하고 있다

형언할 수 없는 어려움에 녹초가 되어가고

어리석은 과오가
몸을 괴롭힌다

힐난의 시간
도깨비처럼 왔다가 사라지고

부박한 현실이
흔들리고 있다

공포의 절박함으로
생각은 부메랑으로 다가오고

날카로운 비수가 되어
자신을 찌르고 있다

똬리를 틀고 있는 기억을
떨쳐내야 하는데

판도라의 상자 속 같은
어렴풋한 상상

알지 못하는 어느 변방에
낯선 세상으로 가고 있는 것은 아닐까

과제

세상을 바라본다

순간순간 감정이
이성을 직시하고 있다

안착하지 못하는
이지적인 힘

비루한 삶 속에도 미래를
꿈꾼다

시시각각 엄습해 오는
고뇌의 편린들
풀 수 없는 과제를 안고 있다

불행한 의식이
엇물리는 감정은 폭발할 듯 부풀고

척박한 조건 속에

피 끓는 아우성으로
성찰의 깃발이 펄럭이고 있다

호명

한계를 가로지르는
미묘한 맥락을 본다

갈피를 잡지 못하는 과정 첨예한 화두로 남아 있고

무기력한 모습이
저녁을 건너고 있다

만상을 아우르는
부대끼며 살아온 날들

긴장의 등고선을 지나야 한다

떠안을 수 있는 나날의 삶
광기와 해탈을 꿈꾸는 비루한 테두리 안에서
세상을 조망하고 있다

천상에서 불어오는 바람이여

고통이 출렁거리고 있는 욕망의 그늘

이생의 밤이 나를
돌아보고 있다

불행한 그림자가 어른거리는
헤아릴 수 없는 감정이 이글거리고

살아있다고 꿈틀거리는
무기력한 몰골

환멸과 냉대 앞에서
죽음이 가까이 오고 있다

비등점1

구름을 일으키고 있는
벌판에

가슴앓이하는
야생의 개활지

부신 광휘가
순간을 무너트린다

바람의 궤적을 만드는
삼라만상

명명할 수없는 형세가
시공간으로 들어간다

가슴을 누르는
참담한 숙명

주어진 척도 안에서
흐릿한 윤곽을 만든다

아득한 날로
활화산처럼 타오르고 싶다

저항과 탈주의 몸부림
비등점 아래 놓여 있다

정점

과거의 한 축이었던
다양한 군상들

감정의 도가니 속에
충돌하고 있다

갈림길에서
만나는 페러독스

뒤틀린 기억의 문이
잠겨가고 있다

고삐가 풀려 있는
빈약한 이야기
하나의 정점에서 고정된다

덧없는 인생

어둠 앞에
무엇을 세울 수 있을까

추레한 만상이 묻혀가는 지평 위로
작은 별도 눈을 감는다

미련을 쌓아놓은 근골에 바람이 일렁이고
방황의 기운만 탈출하려고 발버둥 친다

발자국이 멈춘 자리
근간을 흔드는 과거 앞에 세상이 주억거린다

허전한 영혼이 되새김하듯
덜컹덜컹 세월의 수레가 돌아가고 있다

젊은 날의 초상

아마 바람일 거야
뒤돌아보면

어디서 왔는지 알 수 없는 허허벌판이다
흘러간 세월의 소용돌이 속에
나는 누구인가
뿌리 깊은 관념에
의미 없는 약속이 미련의 씨앗이었나
해묵은 인생을 풀어놓고
꿈꾸는 방랑이었나
지울 수 없는
시련의 상처는 어이할까
가슴이 아려오는 통한의 눈물도
터질듯한
세월의 급류 속에 소용돌이친다

데칼코마니*

절망의 화인들이 힘겹게 가로지른다

감응의 빗살
미지의 영역 속으로
들어가고

시간의 마디마다
요동치고 있다

진폭을 품고 있는
여울목

지독한 운명
매 순간 침묵으로 일관한다

덧씌워진 형상 속에 피 흘리고 있는
소외된 존재들

황폐해 가고 있는

고단한 삶의 모습

길잃은 밤이 지나간다

휘청거리고 있는
기억의 무늬들이
그림자처럼 스며들고
불안이 심중을 건드리고 있다

환청처럼 울리는
속절없는 나날

불투명한 의식을
짚고 있다

촛농처럼 떨어지고 있는 사건들
소리가 들끓고 있다

허공을 가르는 바람처럼
밤바다가 출렁거리고 있다

* [미술] 초현실주의 회화기법의 하나 아트지나 켄트지 등 매끄럽고 흡수성이 적은 종이 위에 물감을 두껍게 칠한후 반후로 접거나 다른 종이를 덮어 찍어서 대칭적인 무늬를 만든다 이 기법의 대표적인
화가로는 독일의 에론스트를 들 수 있다

모나드*

시간의 깊이를 측정해 본다

미로를 헤매고 있는 하나의 순간
자조적인 목소리가 들려온다

명명할 수 없는 심사
형언할 수 없는 어려움이 빈사 상태로 돌아간다

행간을 떠돌아다니고 있는 쉼표 하나
생각의 테두리를 지우고 있다

크로테스트한 공간으로
불가피한 파편들이 떠돌아다니고

휘감아 돌고 있는 열망
숙명적인 어법으로 남아있다

의미의 빈자리
윤회의 사슬로 채워져 가고
길 없는 길로 가야 한다

조화로운 관계를 부정하는 쓸쓸한 뒷모습
환상은 하나의 망령처럼 떠오른다
돌림병처럼 돌고 있는 어둡고 불길한 이미지
생각의 거울을 깨부숴야 한다

*넓이나 형체를 가지고 있지 않으며 무엇으로도 나눌 수 없는 궁극적인 실체로서 모든 존재의 기초

스케치

침묵으로 들어간다

불안을 감추고 있는
선율이 곡진했던 순간

의심의 높이를 재고
떠돌아다니는 마디마다 아우성이다

비밀이 교차하는 운명
스케치 되어가고

매듭짓지 못한 사실
파노라마로 펼쳐지고 있다

베일이 쌓여가는 풍경 한 조각
감응의 빗살을 내뿜고 있다

비애로 물들은
낮게 드리워진 여운

고통의
핏줄을 자조의 휘장이 휘감고 있다

울타리

현실로부터 미끄러지는 불가피한
편린들
영혼을 잃어버리고 산다

무의식의 잣대로 해석하는 낯선 방식
냉혹한 현실 앞에
어둠이 몰려온다

쌓이고 쌓여 엎어지면서
굴러가야 하는 가슴 시린 전언
가쁜 숨을 몰아쉬고 있다

헐벗은 메아리가 벽을 허물고
스파크가 튀고 있는 더 럽혀진 세상
까만 밤을 하얗게 지새고 있다

지난날을 되돌아본다

꿈꾸듯 바라보는 몽환적인 풍경
남루한 그림자가 어른거린다

빈털터리로 떠돌아다니는 눈물겨운 과정
절망의 나락으로 떨어진다

외전

모래 폭풍이 불고 있다

힘난한 여정
이글거리는 열정으로
타오르고

일어나지 않은 상상
피사체로 나타난다

못다 한 이야기는
서늘한 시간을 거슬러 가고

긴장을 휘감고 돌아가는 절실함이
소름처럼 다가온다

늪을 건너고 있는
외로움의 잔영들

운명처럼 찾아온
값비싼 대가로

이해할 수 없는 길을 가고 있다

그늘진 삶의 여정

두더지처럼 솟구쳐 오르고 싶은
환란마저도 흩뿌리고 있는
삶의 밑바닥
진창을 뒹굴고 있다

병든 몸이 신음처럼 울려 퍼지고 있는
고단한 숨결
수렁으로 내몰고 있다

도드라진 장면들이 피어오르고 있는
얼마 남지 않은 세상
몸은 녹아 질척거리고 있다

모퉁이를 지나

휘감고 돌아가는 하나의 주름이여

변곡점을 흩뿌리며 아로새겨진 운명
교차하는 쌍곡선을
지나고 있다

미처 닫지 못한 창문을 바라보며
희망의 숨결을 넣고 있다

삶의 질곡으로 들어가는
남루한 생의 장면 위로 바람이 불어온다

* 본전에 빠진 부분을 따로 적은 전기
** 정사 이외에 따로 기록한 전기

소묘

파문이 일고 있다

하나의 죄의식
형벌처럼 짊어지고

뼈아프게 나타나는
아이러니한 울림

삶이란 무엇인가
근원적인 질문을 던진다

마력에 휘말리고 있는
자조적인 목소리

낯익은 형상들이 모퉁이를 지나고 있다

앙상한 과거로 남아 있는
파묻혀 가는 진실
채워질 수 없는 결여 속에 추억은 조각나고 있다

상반된 견해 속에서
소묘하는 은은한 뉘앙스

인생은 마디마다
시련은 겹쳐진다

존재

지난날을 뒤돌아본다
모순된 생각의 갈림길에서
왜 사느냐 묻는다면
고난 속에서 강인함을 세우는가 보다
내가 가는 곳은 어디인가
쉴 곳 없는 초라한 현실을
벼랑 끝이라 하고 싶지는 않아
고뇌의 물결 위에 뜬 별처럼 사라지지 않을 것이다
시린 등을 밀어내는 세월을
묵묵하게 맞이하는 순종일 뿐이다

길항*

뒤돌아보고 있다

부서진 청춘을 읊조리고 있는
참담한 숙명
서글픈 몸짓으로 채워진다

활화산처럼 들끓고 있는 가난했던 날들
시대의 심장부를 아로새긴다

도시의 불빛
어둠 속에 술렁거리고

운명의 화살 풍문에 휘말려
마음의 빗장을 허물고 있다

무심하게 바라보고 있는 곤욕스런 말들이
전율처럼 흐르고 있다

팽팽하게 길항하는 불협화음

보이지 않는 행간에 겹쳐 흐르고
매듭처럼 얽혀 있다

내가 부를 수 없는 이름이여

바람 따라 흘러가 버린
아련한 세월
시간 여행을 떠나고 있다

귓전에 울리는 귀뚜라미 소리

황량한 풍경 속으로
들어가는 불가피한 나날

파편처럼 느껴지는
처연한 모습으로
하나의 조각술이 난마처럼 뒤얽혀 있다

* 길항 비슷한 힘으로 서로 버티어 대항함

기로

하루의 시간 위에
또 하루를 더한다

먼지처럼 가라앉고 있는
마음의 잔영
감영의 햇살을 드리운다

심안을 들여 다 보는
마음의 풍광
하나의 매듭으로 이어져 있다

숙명의 테두리
마음의 파문을 일으키고

고독한 삶의 여정
격렬하게 들끓고 있다

피부를 찢고 터져 나오는
절박한 목소리
내가 만든 것이 나를 지배한다

모자이크가 되어가고 있는
희미한 윤곽

폭포수처럼 떨어지는 비루한 마음
말없이 암시하는
돌아갈 수 없는 그곳
파도가 밀려온다

절망을 갉아먹는
버려진 발자국

필연의 길에서 만난다

어둠의 성체로 흘러가는
선택의 실마리

팽팽한 긴장감이 흐르고 있다

벼리*

길 속에 길이 보인다

한계를 벗어나고 있는
처참한 현실
이해할 수 없는 길로 가고 있다

해소되지 않는 갈증
침식되어가고
시간의 깊이 속에 나를 읽고 있다

테두리를 벗어나고 있는
허공에 걸려있는 구름
하나의 소실점으로 들어간다

그림자를 갉아먹는 있는
유정한 선을

은빛 날개를 퍼덕이는
바람의 노래
존재의 거울을 깨뜨리고 있다

불 화산처럼 뜨겁게 타오르고 있는
필연적인 상황

해소되지 않는 갈증이
자유로운 영혼 속에 펄럭이고 있다

*1. 일이나글에서 뼈대가 되는줄거리
 2. 그물의 위쪽에 코를 꿰어 잡아당길 수 있게 한

변두리

팽팽하게 긴장하고 있는 이파리
차마 떨구지 못한 몇 개의 가을 잎이
안간힘을 쓰고 있다

길들지 않는 외로움
막차처럼 떠나가라고
도시의 변두리를 어슬렁거리고 있다

불 꺼진 밤
무의식 속에 갇혀 있거나
수평선 넘어 사라져간 날들을 반추한다

실핏줄까지 감쌌던 무량한 깊이에
부정할 수 없는
여리고 여린 마음
차마 버틸 수 없어서 눈물을 흘린다

이룬 것 하나 없이
고단한 길
오랜 소나무 한 그루도 하얗게 말라가고 있다

모멸감*

불안을 그림자를 키우고 있는 한 줄기 빛
노래가 아닌 노래가 음산하게 울려 퍼지고 있다

고개를 돌리지 않는 서늘한 마음
예언이 기억처럼 쏟아지고
의심이 멈추지 않는다

체제 속에 속박된 분노와 불안
구질구질 뇌까리고 모멸감에 허덕인다

타인의 불안에 전염되고 싶지 않은
이기적인 과거와 미래가 착종되고
서로 다른 곳을 바라본다

무시무시하게 공허한 대화는
묘한 울림을 주고
고통의 절박함에 대해서는 침묵한다

독한 몸살을 앓고 나서 변화하는 생각
입안이 바싹 타들어 간다

연필심 가루처럼 매캐한
어둠 속 벗어나고 싶을수록
차갑고 예리한 우상을 만들어 목울대 아래에 닿았다

*착종 사물따위가 뒤섞여 엉김

비정*

바람에
문이 삐걱거리고 있다

의심의 눈초리를 보고 있는
섬뜩하고 집요한 시선
멈추거나 달릴 수 없다

생존의 짐이
자본주의 체제의 하수인으로 전락한다

쓰레기와 다름없는 추인
속도의 바깥으로 추방된다

이마에 새겨지고 있는
질서는 한순간의 이탈도 용서하지 않는다

황폐하고 고독했던
현실의 이면

개탄에 마지않는 몇 마디 말이

삶을 오랫동안 지배해 왔다

어둠에 손을 내밀고 있는 온갖 고초
고독한 잠 속으로 파고든다

*추인 과거로 소급하여 사실을 인정함

개뼈다귀 인생

철저히 타락하고 세속화된 인기 몰이식 발언
원칙에 얽매이지 않고 생동감을 잃어간다

몰락의 길을 걸어온 대화의 부재
예나 지금이나 눈물 나는 삶을 더욱 침통하게 만든다

거침없는 활력을 보여주고 있는
거역할 수 없는 생의 의지
닮음과 다름의 긴장 관계가 일사천리로 진행된다

삶을 왁자하게 펼쳐 보이는
말라비틀어진 개뼈다귀 인생
못난 사람들에 대한 지독한 사랑이다

포기할 수 없는 가치
모진 고초와 수모를 겪고
세련된 처세술을 채화하지 못하고 있다

상처 입지 않기 위한 자기방어 동전의 양면이
되어가고 현실은 결코 바뀌지 않는다

참고 넘어갈 수밖에 없는 불합리한 일
돈 없고 힘없는 서민들이 될 수밖에 없다

멸시의 눈초리를 날리고 있는 울화통이 터지는 이야기 단순하고 어수룩한 데다
가난하고 염치없기로는 타의 추종을 불허한다

관능의 문

머루알처럼 빛나던 눈
크고 깊은 것으로 그려지고
가질 수 없는 죄의식으로 얼룩져 있다

허락되지 않았던 힘겨운 모색
눈앞에 아른아른 떠오르고
갈등의 골이 깊어질 대로 깊어진다

속물적인 윤리
가공할 만한 위력에 침식당하고
신변잡기적인 어떤 요소
현실의 위력을 방증하고 있다

뚜렷한 쟁점 없이 암중모색을 거듭하던
꺾이고 부서지는 몸
지독한 고통을 참으며 끙끙대고 있다

허깨비와도 흡사한 흙빛 얼굴
견디다 못해 들어선 자학의 길

자기도 모르게 빠져들었던 어떤 질곡
새삼 곱씹어봐야 하지 않을까

절망감을 부채질하는 관능에의 문
안타까운 자괴감에 빠져들고

목구멍이 뜨거워지면서
울고 싶은 정도로 깊은 슬픔을 느낀다

위선도 선

적나라한 세태를 반영하고 있다

열망을 극대화하거나
밀려난 뒤의 자괴감
속물이 되어버리고

자유롭지 못한 형편
현실의 노예일 뿐이다

쓸쓸한 여운을 남기고
사라지는 극에 달해 있을 법한 불신
동력을 상실하고 만다

현실의 참담함을 드러내고 있는
소통 불능의 극한 대립
갈등은 점점 극으로 치닫는다

돈의 미혹으로부터
자유롭지 못한 형편

난장판으로 돌아갈 뿐이다

돼지 먹 따는 고함마저도
유일한 무기 가슴이 뛰지 않을 수 없다

진심만은 포기하지 않겠다는
모든 것을 좋게 하려는 사고방식
계획안에도 없는 비상 상황을 불러온다

위선도 선이라는 해석
목구멍이 포도청인 현실이 비겁하기 그지없다

크로노스의 시간

제3부

개뼈다귀 인생

*크로노스의 시간

휘말려 가고 있다

언제 끝날지 알 수 없는 수를 세며
나를 끌어안고 가고 있는 무수한 가면
존재의 물결 위에
생각을 불러온다

이런저런 관계 속에서
순간을 일컫는 것처럼
심리적 파노라마가 덮쳐오고 있다

뒤돌아 가야 하는
시간의 좌표
무심하게 바라보고 있다

알 수 없는 속도로 멈추어 버린 흐린 눈동자
추억이 조각나고 있다

피로를 떨치지 못한 채

서서히 부풀어 오르고
의문의 소리가 들려온다

정지된 화면처럼
다가오고 있는 권태로운 풍경

간절한 염원
영혼의 불꽃으로 타오르고

되뇌어 가고 있는 영혼의 눈

시시각각 바뀌고 있는
만화경 속에
비약의 리듬을 일구어낸다

소묘하고 있는
흐릿한 화면
바람이 조율하고

신경증 환자처럼
바깥에서 마주칠 수밖에 없는 운명
존재의 가치를 잃어버리고 있다

뒤얽혀 있는 과거

박물관의 유물들처럼 박제되어 가고
밀물이 몰려온다

구겨지고 있는 몸
영혼의 문을 두드리고
물방울이 떨어지듯 숨소리가 들려온다

*그리스신화에 나오는 농경과 계절의 신. 제우스의 아버지

선회

필연의 궤적을 만든다

절망과 비탄으로부터
침묵처럼 비추고 있는
휘감고 돌아가는 주름

시련 속에 헐떡이고 있다

뼈마디마다 시퍼렇게 새겨진 무늬
도드라진 장면조차 세월을 읽어 가고 있다

처연하게 기다리는 눈빛으로부터 파동을 일으키고 있는 절망의 리듬감

순간을 깨뜨리고 있다

푸줏간에 걸린 살덩어리처럼 처참한 몰골
절망의 그림자가 어른거린다

급변하는 일상사
이해할 수 없는 길로 가고
부분적으로 비켜서 있는 의식의 바깥

모서리를 가로지른다

운명처럼 걸쳐있는 생각의 마디마다
황폐해져 가고 있다
궤적을 이탈해 떠밀려 가고 있는
살갗의 발자국이 선회하고 있다

등락의 움직임에 따라
흩뿌려 놓은 생동감
마름질하고 있다

존재할 수 없는 뒷면에
판타지처럼 전해주는 아이러니한 울림
감정의 등고선을 지나고 있다

휘감고 돌아가는 처연한 마음
살아 꿈틀거리고 있는
얼룩처럼 박혀있다.

주름져 흐르는
세월 속에 정념의 불꽃이 타오른다

징표

덧칠하고 있는
도식된 관념
세상을 마름질하고 있다

불안을 뒤흔들고 있는
더럽혀진 날들
기억을 빨아들이고 있다

불가항력으로 다가오는
죽음이 선적해 오는 유한한 예감
낯선 거리를 뒤돌아보고 있다

망설일 수밖에 없는
두 갈래 길에서 바람에 미끄러지고 있는

잊혀 가고 있는
느슨한 풍경
근원 모를 샘물을 마시고 있다

편향이 초래하는 그늘 속에서
환원될 수 없는 맥락을 본다

둥둥 떠오르고 있다
습관이 있던 자리마다 발화가 생성되고
휘감고 돌아가는 그 너머
상상이 쌓여가고 있다
촘촘하게 일렁이고 있다

뒤바뀌어 가고 있는 미묘한 존재
생각이 일그러진다

심장이 무너져 내릴 듯이
온몸이 덜컹거리고 있는 팽팽한 살갗
거친 숨결을 내뱉는다

잔상이 어른거리고 있는
흩뿌려진 패러다임
날 선 징표로 있다

사선

어둠이 몰려온다

질척이는 편린
몸속에 고이고

구름져 흐르고 있는
전율 어린 삶
불가항력으로 다가온다

잘 삭은 시간
허공을 내지르고

운산 할 수 없는 국면으로 가고 있는
헤아릴 수없는 시간
가장 깊은 곳으로 가고 있다

보이지 않는 뒷면으로
사막의 바람이 불어오는 격렬한 침묵
꿈틀거리고 있다

어두운 사물들이 눈을 감고 있는 마디마다
가로지르는 모호한 감정
소실점을 벗어나고 있다

잎들이 뒤척이고 있는
무기력해지는 현상들 숨소리가 들려온다

몸의 파동을 일으키고
있는 솟구치는 사선에서
먼지처럼 흩어지고 있는 세상

바닥을 가로지르며
영역으로 들어가는
빛이 흩어지고 있다

발가벗겨진 맹점
파도 위에 떠 있다

음영

상황을 꿰뚫어 보고 있다

위험을 내포한 채
시대를 조율하고

의도치 않은 결과에서
파장을 일으킨다

축축한 감정을 내뿜고 있는 도드라진 문양
급류에 휘말려 가고 있다

잠근 시간 속으로 소리 없이 흐르고 있는 메아리
무서운 폭발력을 감 추운 채
은은한 색감으로 번져 나오고 있다

비장함을 감추고 있는 상반된 궤적
기억처럼 차오르고 있는 한심한 영혼이
 방점을 헤아려 보고 있다

보이지 않는 곳으로
현현하고 있는 침묵의 상황
바람이 채우는 곳으로 저를 드러내고 있다

환하게 비추듯이
나 없이 가고 있을 시간
구름이 지나간다

궤도를 힐문하면서
등을 돌려 버렸던
파문의 공간

번뜩이는 속살을 드러낼 수 있는
진실로부터 흐르는 억압된 회귀
망각의 강을 건너고 있다

몸짓을 타고 치밀어 오고 있는 소리의 무덤
나이테를 그리듯이
몸을 찢는 소리가 들려온다

무의식의 뒷면에
그림자처럼 스며들고 있는 고통의 시간
풍경 속으로 들어간다

카오스

바닥으로 내몰고 있다

표면으로 남아 있는 흠결
신음이 들려오고
살갗으로 파고들어 가는 입구

펄럭이고 있는 가쁜 숨결
숨이 멈추어 버릴 것 같은 드러낼 수 없는 상처
치명적인 얼룩으로 남아있다

가라앉고 있는
손끝에서 묻어나는 빛깔
심리적 스펙트럼이 몰려온다

윤곽을 스케치하는 찰나
비루한 나날이
햇살 위로 떠오르고

뒤바뀌어 가고 있는 무수한 상항이

휘청거리고 있다

붉은 속내를 감추고 있는
예민한 촉수
어둠이 닿을 수 없는
어디로 갈지 모르는 다급함을 감춘다

들끓고 있는 미묘한 존재
다이내믹한 힘들이 솟구치고
깨 부서야 넘어가는 육화된 자리

중력에 저항하고 있는 일상이
죽음처럼 느껴지는 것은 무엇인가

팽팽해져 가고 있는
밑줄 쳐진 문장
헐떡임이 들려온다

살아있는 시선으로
밀착화되어가고 있는 결정적인 생의 국면
무엇으로 채울 수 없는 결핍으로 남아있다

실뿌리

산산이 깨져가고 있다

더 이상 갈 수 없는
몰락의 시간
감정의 실타래를 풀어본다

되돌리기엔 아주 먼
유년의 기억
낯선 세월 앞에 파장을 일으킨다

공회전하듯 풍화하고 있는
산비탈을 떠돌던 바람
미친바람과 싸워야 하는 폐허의 파편들

흐릿하게 암시하는
잔영을 거느리고
다른 세상으로 가고 있다

무심하게 바라보고 있는 헛되고 헛된 시간

무질서하게 떠 있는 별자리
탐욕으로 얼룩져 가고

가느다란 실뿌리처럼 자라나고 있는
어둠의 행간

망가지고 찢긴 존재
절박함으로 다가오듯 시간을 담금질한다

상상이 일그러지고 있는 기억의 원형
혼돈의 밤이 지나가고 있는 헐벗고 누추한 밑바닥

오랜 시간의 풍화를 겪으며
버림받은 숲을 떠나는 새
구름에 눈망울을 씻는다

박편

허물어지고 있다

소용돌이치고 있는
세상을 떠돌던 바람
빛을 잃어가고 있다

적막 속의 초침 소리
목적지 없이 달리고 있는 희뿌연 새벽이
아우성으로 달려온다

별 무리처럼 반짝이고 있는
안온한 테두리 속에 뜻밖의 풍경
제자리를 맴돌고 있다

저만치 혼자 가고 있는
불투명한 세상
휘발하고 있는 잡념들이 자신을 휘감고 있다

바람으로

숫돌을 갈고 있는 칼날 같은 잎사귀

한 호흡의 찰나 속에
흔적으로 새겨져 가고 있다

몸에 두르고 있는 박편
비밀스러운 장면으로 치달아 가고

마지막 몸부림
가슴 한쪽에서 반항하고 있다

뿌리 깊은 원한으로
남아 있는 분노는 세상 끝을 향해가고
고독한 삶의 여정으로 남아있다

밀약

비가 들이치고 있다

요동치고 있는
도드라진 윤곽
가슴속에서 출렁거리고

처연하게 다가오는
엇갈린 표상
쉼표처럼 멈칫거리고 있다

마음 깊은 곳에 감추어진 변주곡
간곡한 숨결로 느껴지고
바람이 고요의 한쪽을 흔들고 있다

모서리를 버티던 테두리 바닥으로 떨어지고
지워지지 않는 흉터
길고 긴 고백을 한다

더는 물러설 수 없는

지워지지 않는 흔적
떨어질 무게를 만들고 있다

되짚어 보는 편린
통제할 수 없는 자리고 가고
나뭇잎을 떨구듯이 상상이 쌓여가고 있다

거리의 소음이 들려오는 컴컴한 골목으로 발소리가 들려온다

장벽

벼랑 위에 세우는
미지의 세계

고통스러운 도전이
추락하고 있다

소용돌이치고 있는 정념
비수가 되어 날아온다

백지 위에
활보하고 있는 시간

족쇄로 채워져 가듯
스크린 위에 영사되어 가고 있다

신이 부재한 환멸적 냉소
아슬아슬한 줄타기를 하고 있다

실핏줄에 매달려 있는

헛된 세상

보이지 않는
암울한 대척점 속에 놓여 있다

결핍

감내해야 했던 안타까운 사연
아파하는 곳을 향하여 화살이 날아왔다

헐벗은 과녁이 되어버렸던
피 끓는 증오와 애타는 동경

끝내 이루지 못했던 것을
빛처럼 젊어지고 다닌다

발목을 잡았단 덫
나를 되비추던 우물이 되어가고
혼미한 생각들이 두리번거리고 있다

헛것이 되어가고 있는 세상의 잣대
변방의 가장자리로 헐떡거리고
세파에 쓸려 가고 있다

길 밖에 존재하는 길
파도의 몸짓으로 덩실대고

달빛이 열린 문으로 들어온다

잃어버린 시간을 찾아가고 있는
어둠이 움터 나오는 시간
어찌할 수 없는 곳으로 가고 있다

수레처럼 빠져나가고 있는
모래알처럼 많은 허상
망가지거나 뒤틀려 가고 있다

화살처럼 박히는 말
시절에 뒤척이고
덫에 갇히고 있다

빛을 향한 열망
촛불처럼 타오르고
쳇바퀴에 실려 박제되어 가고 있다

삶의 그늘조차 지워 버리고 싶은 쓰라리게
다가오는 과거
이루고 싶은 시간이 나를 배반하고 있다

덫

햇살이 구겨지고 있다
구들장에는 온기가 사라지고
차가운 기운만 맴돈다

질척거리는 빗방울
세월의 깃을 세우고
시련의 뱃머리는 애달픔만 깊어간다

생각은 어둠을 부르다
현상의 무게만 남기고 사라지고
미련의 시발은 구심점이 보이지 않는다

세월에 매여있는 세상
서글픔만 더해가고
싸늘한 바람만이 위안을 삼는다

기착지

숨소리가 들려온다

이해의 길을 트고 있는 긴장의 산물
이상한 수치를 주고 있는 절실함
세상은 적대적이다

비가 새는 벽을 막아주던 신문지
가난하고 고독했던 어린 시절
하염없이 글자들이 흘러내리고 있다

하나의 오차도 없이
조각난 얼굴을 보면서

힐긋거리고 있는
무수한 사람들이 찾는 기착지
생존의 정언명령으로 들려온다

어둠이 번져가고 있는
허공에 매달린 이정표

길이 끝나는 곳으로 달려가면 어딘가에 닿을 것인가

걷잡을 수 없는 과정으로 휩쓸려 가고 있는
불빛이 사라진 도시
희미한 얼굴을 떠오르며 나락으로 떨어진다

낯익은 것이 낯익은 것이 아니게 따라붙은
불길한 안개
불안감이 밀려온다

기대에 부풀어 있는 것이 동행처럼 따라붙고
실체가 없는 현실
구름에 포획되어 가고 있다

피를 흘리고 있는 집요한 욕망
무슨 일이 벌어질지 모르는 곳에서
거리를 떠돌아다니고
제 살을 찢어 꽃망울을 터트리고 있다

사방팔방에서 들려오는 낯익은 소리
악몽이 남기고 간 말들이
설마 했던 곳에서 닥쳐오고 있다

조감도

제 가슴에 비수를 꽂고 있다

묵직한 통증을 느끼고 있는 존재의 좌표
갈 길을 묻고 있다

안간힘에 바치는 비가
먹먹함으로 다가오듯
폭우가 쏟아진다

무너질 듯한 애잔함
시간의 무게를 느끼고

처연함을 느끼고 있는
불가항력
눈앞에 빛을 머금고 있다

암흑 한가운데에 홀로 떠 있는
존재로부터의 이탈
마음속에 파문이 인다

서글픈 환상에 젖어있는
영혼의 페이지
과거를 조감하고 있다

붉은 먼지로 감싸인 채
운명처럼 끌고 다니는 의식의 거미줄
무거운 발걸음을 옮긴다

산마루를 넘어오던
칠흑의 어둠
아우성이 들려온다

심층으로 들어가고 있는
의식의 바깥
하나의 상상력의 변화이다

차이를 만들어 내는 동력
서로 다른 곳에 놓여 있고
애타는 몸짓 참회로 나타나고 있다

사투

하지 못한 말들이
아픈 무지개 되어 보이고

거대한 바퀴처럼 돌아가고 있는
고단한 길의 한복판

영혼의 눈빛은
사지에 박힌 채
빠지지 않는 못으로 남아있다

빛도 어둠도 없는 삶과 죽음의 경계
욕망이 번뜩이는 시간과의 사투이다

어떤 하루

하지 못한 말들이
아픈 무지개 되어 보이고

거대한 바퀴처럼 돌아가고 있는
고단한 길의 한복판

영혼의 눈빛은
사지에 박힌 채
빠지지 않는 못으로 남아있다

빛도 어둠도 없는 삶과 죽음의 경계
욕망이 번뜩이는 시간과의 사투이다

고독이 남긴 상처

희미해지는 기억
긴장의 줄을 당기고 있다

살갗을 파고드는
지워버리고 싶은 회한이
봄날의 기운처럼 퍼덕거리고 있다

필연적인 거리에
모든 것이 지나가고 떠나간다

사건의 앞뒤에 저 숱한 불변의 밤
시계추 같은 삶의 가장자리에
야성의 숨소리가 들려온다

시간도 형체도 다 지우고 있는
절망의 터널
칡넝쿨처럼 얽힌 사연이다

얼마나 더 가야
흔적 없는 완성에 이를 수 있을까

헐벗고 고달픈 정념의 불꽃
벗어 벌리고 싶은 욕망이
매달리고 튕겨야 할 마지막 줄인 줄도 모른다

가시

나뭇잎이
포도 위에 떨어진다

침묵으로 침식되어가고 있는 내 안의 목소리
옛날처럼 길을 가고 있다

느릿느릿 가고 있는
자신을 비춰 보는 거울

생각의 늪에 빠져있는
칠흑같이 어두운 밤길이다

발가벗겨진 세월로
수없이 가시가 날아들어
상처 위에 또 상처를 낸다

구심점

회로를 탈피하고 있는
눈먼 바람

긴장의 소용돌이 속으로 들어간다

손에 잡힐듯한 풍경
생생하게 느껴지는
내면의 몸부림

판타지를 꿈꾸고 있다
휘날려 오고 있는 밑바닥에 흐르는 기운
우주의 생명력이다

연리지

희미해지고 있는 기억
삶 속을 헤집고 들어오는 아픔

긴장의 줄을 당기고 있다

지워버리고 싶은 회한이
봄날의 기운처럼 퍼덕거리고 있다

필연적인 거리를 만들고 있는 몸짓
모든 것이 지나가고 모든 것이 떠나간다

사건의 앞뒤에 두고
치러 낼 수밖에 없었던 저 숱한 불변의 밤

시계추처럼 오가는 삶의 가장자리
야성의 숨소리가 들려온다

수수께끼 같은 일들이
매달리고 튕겨야 할 마지막 줄이었는지도 모른다

헐벗고 고달프게 병들어 가고 있는 정념의 불꽃
주름처럼 껴안고 있다

조락

해변으로부터
밤이 오고 있다

파문이 일고
음습해 오는 절터
기억 사이에 흔들리고 있다

침묵으로 배회하고 있는
밤과 낮의 그림자
사막 같은 세상에 홀로 남아있다

뼈마디마다 옹이가 박히고
하얀 추억들이 뿌려지고 있다

꿈과 현실의 경계에서
새벽이 밝아오지만

풍경을 가리고 있는
어두운 미래를 짊어지고
불모지를 만들고 있는 모양이다

설산

어딘가로 휩쓸려 가고 있는 징검다리
흰 구름은 눈빛 속에 떠가고 있다

하얗게 질려간 너의 발자국
비극적인 현실은
낭떠러지로 떨어진다

산산이 조각나고 있는 파열음
소리가 빠져나간 자리에 혼마저 빠져나가고 있다

팔을 흔들고 있는
어둠의 변두리
공포가 주술처럼 느껴진다

설산으로 가는 얼음 속 자갈
천만년이나 부동이고

실핏줄처럼 얼 비추는
투명한 뺨

아무런 이유 없이 신비함에 사로잡힌다

떠도는 먼지들처럼
선회하고 있는 시간이 저지른 일들
무한으로 흐른다

사선을 넘나드는 고통
한없이 곤두박질치고

어딘가에 닿을지 모르는
모호한 말들이 떠돌아다니고 있다

정거장

생각을 불러온다

상투적 반복이 이끼처럼 자라고
후회와 회한이 얼룩처럼 번져가고 있다

헐벗고 굶주린 시간이
안으로 파고들어 가고
의미의 장벽에 부딪히고 있다

어둡고 깊은 호수를 서성이며
그늘 속으로 길이 지워지고
어둠이 내리고 있다

내 안에 닿을 수 없는
산그늘
내면에 균열이 일고
지각 바깥에 존재하고 있다

돌아설 수 없는 파편들이

꿈 밖으로 떨어지고

밑바닥에 다다르지 못한 채
유랑하고 있는 일상

통로 없는 불행이
거미줄에 걸려 허우적대고 있다

사막 저편에 사라져 버린
정거장
주위를 배회하며 슬픔도 쉬어가고 있다

신화같은 세상

이율배반처럼 보이는 구문들이
무거운 이음새를 만들듯이
연기 같은 냉소가 현재를 제시하고 있다

숲을 채우고 있는
팽팽하게 긴장하는 색채
명명되지 않는 물망에 오른다

내적점에 놓여 있는
경과하지 않은 시간에
실핏줄 같은 설화 속 여정의
고귀한 가치

고정된 형태는 피사체로 나타난다

끝없이 일어나고 가라앉는 물결 불완전한 구문을 남긴 채
여운 속에 섞인다

신화 같은 세상이
허무의 늪에서 벗어나
만물을 생명으로 초대하고 있다

최후의 보루

정체성을 뒤흔드는
핵심적인 사건

어둠에 잠긴 자들이
차디찬 바닥으로 추락해버린다

막다른 곳으로 내몰려가고 있는
이루어지지 않는 간절한 꿈

사소한 관심도
절박한 누군가에는 구원의 계기가 된다

차마 외면할 수 없는
과도한 죄책감

부당하게 짊어져야만 하는 절망으로
아무것도 되돌릴 수 없다

치사하고 남루한

불행의 위력이 숫자로 구체화 되고 있다

최후의 보루조차
외면하며 막막한 날들을 건너갈 뿐이다

생각의 처지

수면을 높이는 물처럼 차오르고 있다

진실과 마주하는 결연한 시간
수없는 관계에 얽혀있다

묵직하게 얹혀 있는
비밀의 한복판
납득할 수 있는 목소리가
들리지 않는다

깊은 곳까지 다다를 수 있는
양심의 소리
삶인지 죽음인지 분명하지 않다

깨진 유리 같던 영혼
퍼즐을 맞추듯이 시대를 그려볼 수 있다

외면할 수 없는
서로 다른 생각의 처지

역사는 시대를 만들고 있다

청천벽력과도 같은
통곡을 삼킨 분노
마지막까지 질문을 붙들고 있다

자본의 매커니즘

날카롭게 드러내고 있는
현실의 이면
불안감에 시달리고

겨우 열렸던 가능성이
무참히 닫혀버리고 있다

환시처럼 얼룩에 빠져들고
용납하지 않는 편견
뻔뻔하고 얄팍한 위안뿐이다

규격화된 틀에 갇혀 있는
참혹하고 절절한 현실
모든 것이 끝난 뒤에도 삶은 이어졌다

불쑥불쑥 튀어나오는
알 수 없는 우수와 불안

적나라한 낡은 가치와

혐오가 절망스러워 보인다

실상을 가리키는 좌표
사물의 허상을 보고
환각처럼 현실도피의 한 방편일 수 있다

지독한 수치심을 느껴야 했던
자본의 메커니즘
자본주의가 아닌 다른
체재는 꿈조차 꿀 수 없게 되었다

풍속도

하수구보다 더러운
도시의 맨얼굴
숱한 비인간들이 난무했다

극단적인 부정으로 치달아 가고
함께 사라질 추잡하고 불길한
모든 것들

우려와 연민이
외로움 앞에 흔들린다

살아갈수록 가련한 인간들로 구성된
참담한 전망
눈알이 시리고 눈꺼풀은 무겁다

비루함을 감추어야 하는 유일한 표지
과거의 유물로 사라질 수밖에 없고

무의미한 연극에 불과한

덧없는 현존이다

심연과도 같은 침묵이 흐르고
가난한 영혼에게 돌릴 수밖에 없는
가없는 풍속도

어렴풋한 깨달음 속에서
표피가 한 꺼풀 벗겨지고 있다

고난의 길

하나의 진실에 다다르기 위한
예상치 못한 순간
밑바닥부터 갈라지고 있다

파국을 향해 치달을 수밖에 없는
어떤 비의
오랜 환상이 깡그리 깨어지고 있다

신발에 두껍게 달라붙은 흙처럼
진득거리고 무거운 느낌
어긋난 운명을 예감하고 있다

미래를 향해 질주해 왔던
가슴 저리는 설움
아무것도 바꾸지 못한 채 상처받고 쓰러질 것이다

자기변명에 불과한
인과관계 기대는 무참히 깨어진다

손에 땀을 쥐게 하는 시퍼런
기계음 심리상태까지 둔감하게 만든다

유폐

제4부

개뼈디귀 인생

유폐

운명의 화살을 맞으며 비틀거리고 있다

파편화되어가고 있는
세상의 압력

현재라는 닻을 내리고 있다

비켜서지 못하는 변화의 흐름
지리멸렬한 생각들이 번진다

화석화되어가고 있는 오늘
희망을 불가능하게 만들고

산산이 조각난 채로
좌절하는 삶의 거점

폭풍 전 고요 같은 정적이
사방에 내린다

생시의 눈빛으로 희번덕거리고 있는
비애로 가득 찬 망령

침묵의 갈라진 틈으로
자신을 스스로 파멸시키고 있다

기억의 바다

바람 찬 대숲의
칼날 같은 번뜩임

상실과 격절의 시간이
주변을 휘몰아 간다

바람처럼 스쳐왔던
한때의 젊은 날

숨소리마저 잊고 살아온 세월이
하늘의 별처럼 아득하다

떠나지 못하는 무엇이
나를 깨우고 있을까

오랜 기억들이 스쳐 지나가는 아련한 안갯속
이승의 외로움이

아픔으로 치달아 가고 있다

어둠 속으로 흘러간 물줄기
끝내 열리지 않은 미지의 바다로
숱한 기억이 침몰하고 있다

그림자

예고 없이 찾아오는 과거의 시간
절망의 빛으로 부서지고
신음처럼 뒤척이고 있다

날 선 칼날로 다가오는
도시의 삭막함
길어진 제 그림자를 지우며 살아가고 있다

경계를 허물고 싶었던 햇살처럼
빗나간 기억들

삶 앞에 무릎을 꿇는
세월은
세상의 티끌 하나도 비워 내지 못한다

정처 없이 떠돌고 있는
빗나간 청춘
사납게 때리는 세상이라도 몸을 맡겨야 한다

밤하늘의 별과 같은 수많은 사연
어느 한 곳에 머물지 못하고
거침없이 산화해 가던 눈송이처럼
슬픈 가락으로 별을 헤아려 본다

등불

수채화로 그린 듯한
어스름한 변두리

리얼리티 한 삶은 배고프다

피로에 지친 내 영혼
소나기와 같은 그리움 앞에
폭풍우가 치고 있다

속박하는 굴레에서
탈출할 수 없었던 자신

무너져 내리고 시간으로
기다림이 이슬져 내리고 있다

상상마저 애답게 다가오는 흙냄새

허기진 발자국으로 돌아오는
생의 기표들이 등불로 흔들리고 있다

나이테를 그리듯이 감아 도는
물굽이에
난파된 선박이 어두운 그림자를 드리우고 있다

비밀의 정원

적막이 흐느낀다

뼛속까지 파고드는 침묵
익숙한 곳에서 길을 잃어가고 있다

중력이 없는 슬픔에도 눈물이 고였다

스케치 되어가고 있는
한때의 그림자

눈빛이 스쳐간다

뜬금없이 밀려오는
공포와 불안

어둠의 심연으로 가고 있다

환영처럼
뇌리에 스치는 잔상

빛과 어둠처럼 찰나적으로 사라져간다

비약적 장면들이
스크린 속에 명멸해가고

의미를 포착할 수 없는 순간들이
폐부를 찌르고 있다

한 생을 덮었던 기억
검정 숲이 되어가고

짙은 안개 속을 헤치며
앞을 내다볼 수 없는 항해를 하고 있다

에포케

비루함으로 전락하고 있는 권태로운 풍경
허우적거리고 있다

절망이 낳은 현실
무섭도록 외로운 순간

무엇이 되기 위한 유폐의 날들

부정적인 기억을 암시하고 있다

유령처럼 존재감 없이 머물러 있는 동안
미약한 날갯짓 하며
고통과 싸운다

영혼을 부패시키는
존재의 나락

모종의 사건들이 변방의
끄트머리쯤으로 가고 있다

지각 영역 바깥에서 떠돌고 있는
가난이 만든 중력
미치도록 비비고 싶은 갈망이다

미지의 시간 속으로 흘러가고 있는
끊어진 이음새
헐거워지고 있다

텅 빈 곳으로 떠돌고 있는 시간의 너울
시선의 속삭임에 메아리를 보내고 있다

불꽃처럼 타오르는
망각의 질료
무언가에 사로잡힌 채
어둠을 건너고 있다

어디서 왔는지 알 수 없는 정적
섬같이 고즈넉한 정겨움
리듬과 방향을 잃은 채
시간의 잔해들을 딛고 서 있다

리얼리티

별빛도
어두운 마음에서 헤어나지 못하고 있다

거품처럼 부서지는
참담한 세월

막막한 미래를 생각하며
상념에 젖어 들고 있다

어둠에 둘러싸인 산자락
풀씨는 어디로 날아가는 것일까

서러운 기억이
흉터처럼 자국을 남기고

가난과 시련의 언저리에
진눈깨비가 쏟아진다

좌초되어 가고 있는 추억의 한 토막

고통을 비집고 들어오는 한 줄기 빛이
닿을 듯 말듯

버티지 못하고 튀어나오는 기침 소리
현실의 차창으로 세월이 부딪치고 있다

고목

광기로 번뜩이는 해발을
삼킨 수면

벼랑 같은 세상이
하늘 아래 일상일 뿐이다

삶의 무게로 억눌린 현실
깨알 같은 생각이 회오리바람처럼 올라간다

한때의 뜨겁던 욕망이
내려앉은 자리
어깨가 무너지도록 내려앉은 어둠은
걷히지 않는다

하오를 향해 죽어가고 있는
고뇌의 산물

욕망을 비집고 들어선 남루한 터
이루어지지 않는 약속에 미련을 두지 않는다

광경

소리 없이 바람이 불어오는
서글픈 날
비 오듯 몰려오는
알 수 없는 상실감에 하늘을 바라본다

작대기를 짚고서
힘겹게 걸어가는 삶의 궤적
환멸의 습지에서 헤어나지 못하고 있다

어두운 그림자는
무의식의 지층
어떤 회로에 갇힌 채 무의미한 반복이 이어지고 있다

길을 잃고 헤매는 사고의 경계
조금씩 어긋나고 비껴가고 있다

흔들리는 아득한 세월은
이승을 관망하고
헤아릴 수 없는 시간이
검불처럼 가벼워지고 있다

착지점

창밖의 풍경
물소리 너머에서 깨어나고
불안한 의식에서 벗어날 수 없다

의식의 바깥으로 향하는 흰 구름
고통에서 깨어날 수 있을까

허용되지 않는 시간은
무의식에 똬리를 틀고
생과 사의 갈림길에서 한계에 부딪힌다

신호처럼 시작되었던
시시각각 바뀌고 있는 만화경
존재하지 않은
퍼즐처럼 맞추어진다

실상의 울타리 안이
착지점인가 보다

보로메오 매듭*

우주의 지탱은 한 축을 지향하지 않는다
팽팽하게 맞선 힘으로 서로가 긴장할 때
거대한 질서가 유지되고 있는 것이다

사람의 일도 너와 나
그리고 그 사람
함께 미어지게 사랑할 때
세상이 되는 것이다

불멸의 길에
풀지 못한 비밀처럼 어우러져 있는 게
인연이어서

어떤 한 부분만으로 절대
완성을 이룰 수 없는 것이다

---

*하나나 둘을 놓고 볼 때는 서로 분리되어 있지만 셋을 놓고 보면 하나의 고리처럼 서로 통일성을 갖고 전체를 이루는 3항의 관계를 이르는 말

스칼라*

감정의 물기가 지워져 가고 있는
맥락 없는 나열
누군가의 고통을 안고 살아가는 것은 아닐까

형벌 같은 날들로 남아 있는 저녁
시련의 틈바구니에서 파도가 밀려온다

생성과 소멸이 무한히 반복되어 가는 시스템
필연적인 이름으로 부여하는 목록은

통증에 가까운 황홀감을
되새기며 체제의 압박 속에 잠식되어 가고 있다

날개를 펼쳐놓은 듯
대칭을 이루고 있는 공간의 한쪽
전구의 불이 켜지듯 죄의 피가 흐르고 있다

차가운 문명의 빛과 그늘
메시아적인 의미를 지니고

휘발해 가는 기억은
존재와 존재가 맞닿은 경계 외롭고 처절하다

*학자. 지식인

유니크*

벼랑 끝에 내몰렸다

하나의 의미를 만들고 있는 텅 빈 기표
쓸쓸한 뒤안길로 저물어 간다

인연의 고리로 연결되었던
흩어져 있는 시간이 무의미한 선을 지나고 있다

삶의 언저리에 걸쳐있는
진부한 이야기
주문과 같이 다가온다

쏟아질 것 같은 별
수면 위로 추억처럼 떠오른다

갈등과 방황
망망대해로 떠밀려 가고
세이렌의 노래처럼 들려온다

희미해지는 기억은
마음을 술회하고

침묵의 구조 속에
모든 것을 풀어내고 있다

무성하게 덮여 있는 탑
높이를 가늠하기 힘든 바람이
무정한 잎을 흔들고 있다

*유일한 사람

열리지 않는 문

예측하기 어려운 내일이
비틀거리고 있다

창백한 거울에
어두운 얼굴
위험이 들이닥칠 거라는 긴박감이 소용돌이치고 있다

눈을 감으면 드러나는 섬뜩한 고통이
시시때때로 찾아오고 있다

상상으로 떠올리는 파국
자기 몸을 헤집고
미묘한 감정의 모퉁이에 와 있다

불가능한 욕망에 사로잡힌
사막과도 같은 현실에 해가 넘어가고 있다

천 개의 방향으로
천 개의 잎사귀

이국의 신처럼 팔을 뻗은 채 두 눈을 감고 있다

태풍에 몸을 맡긴 채
쉴 새 없이 흔들리는 나무

피와 눈물이 난무하는
하나의 형상
미세한 균열을 일으키며 부서지기 시작한다

극지

얼어붙은 바다를 바라본다

심장을 찌르는 바람
상실한 얼음의 군락들이
어깨를 누르고 있다

빠져나갈 틈새도 구멍도 결박당한
현실의 압력
난간을 짚으며 허공으로 발걸음을 내딛고 있다

방향을 잃고 서 있는 곳에
낙하하는 눈발이 오히려 따스하다

비틀리고 찢어지는
초라한 삶의 한순간
죄책감과 수치심이 비수처럼 날카롭다

아무렇게나 버려진 종이처럼 뭉개지고 있다

퇴화

마술처럼 보이는 세상
갈수록 핏기를 잃어간다

아득한 낭떠러지로 떨어지는 고독한 바다
가슴속에 남아 있는 것은
과거를 향해 흘러간다

시퍼렇게 물든 겨울 하늘
바람에 파르라니 떨고 있는 잔가지
우연은 섬광처럼 마음에 파장을 일으킨다

얽히고설킨 죄의 높낮이
맥을 형성하고

있는 듯 없는 듯 살아가다 보면
시간이 정지해 있는 것 같다

현재라는 지평 위에서
침묵으로 점철된

예정된 결말을 향해 나아가고 있다

뛰는 듯 나는 듯 퍼덕거리고 있는
한 줌의 비명
고독과 비애를 할은 말이 고장 난 몸짓을 하고 있다

포물선

자유로이 유영하고 있는 시간의 좌표
어둠에 붙들려 가고 있다

찬바람에 나부끼는 옷자락도 숨을 고르고 있다

불안의 문을 열고 있는
인식과 괴리
앙상한 나뭇가지가 수면의 풍경에
균열을 일으킨다

한 치 앞도 예측할 수 없는
혼돈의 가면을 쓰고
소용돌이를 일으키고 있다

절규처럼 외치고 있는
신이 두고 간 죽음이
포물선으로 내리고 있다

미지수

석고처럼 흰 가루들이
쏟아져 내리기 시작했다

하나의 프레임이
다양하게 변주하는 장면
손쓸 새도 없이 불가피하게 벌어지는 일이다

세상을 가로지르는 빗금이
미처 피할 새 없이 불길함으로 다가온다

구겨지고 찢긴 약도 같은 검은 도시
모든 것이 유령처럼 떠돌고 있다

섬광처럼 현시하고 있는 찰나
오랫동안 자리 잡은 상징마저 깨져버리고 있다

절박한 현실
빈약한 삶이 전부라 여기며 살아가고
있는지 모른다

도그마에 사로잡힌
어디로 향할지 모르는 미지수가
공허한 메아리로 들려온다

일탈

가만히 짚어보고 있다

쓸쓸한 감정의 무늬가
그리움을 타고 파도처럼 밀려온다

바다를 향해 열리는 창문은
허기와 눈물이 교차하고
침묵의 구름이 가까이 와 있다

끊임없이 충돌하고 있는
이분법적 프레임에 갇혀
심화되는 파동을 벗어날 줄 모른다

파열과 일탈을 일으키고
있는 하나의 장면
어디에서 피가 터질지 모르는 상황으로 치달아 가고 있다

비뚤어진 자만에서
비롯되었던 광기가

현실 속에서 벌어질 때 경악할 것이다

불길한 꿈이 스쳐간다

해독할 수 없는 비현실성으로 고뇌하고
난감하기 이를 데 없는 문턱에서 서성이고 있다
헐벗은 몸으로 부둥켜안고 있는 세월
비정하게 감추어진 뒤안의 소리를 듣는다

가장자리로 밀려나 있는 존재들이 낯선 시간으로 들어간다

접지점

나무들이 여름을 떠나간다

무늬를 만들고 있는
보이지 않는 손
촘촘하게 짜여 가고
계절의 변화를 체감하고 있다

살갗에 느껴지는
말들의 느낌
아무것도 쓰여 있지 않은 페이지로 들어간다

사라져 버린 과거
한순간 부재와 현존이 공존하는 처절한 몸짓
가쁜 숨을 몰아쉬고 있다

깨질 것을 두려워하는
내밀한 기억이
그림자의 삶을 살고 있다

헐겁게 봉합된 과거의 시간
추한 기억을 감출 수 없다
접지점을 쫓아가고 있는 굴곡진 호흡이
공회전하고 있다

패닉

고통스러운 순간
천지사방으로 불어오는 바람

궁핍한 시선이 나를 에워싼다

사소해지고 비루해지는 일상
기억 밖으로 유폐되어 가고

망각에 대한 공포가
비탈길로 추락한다

어두운 터널을 지나고 있는
처음과 끝도 알 수 없는 그림자

정해진 운명은 어떤 모양인지

예민한 감각이
아무런 감정 없이 흩어져 가고

무기력하게
길들여지고 있는 것이
삶과 죽음의 방식인 모양이다

의문에 의문을 더하는 오후
부딪치고 상처 입으면서 패닉에 빠지고 있다

섯다운

장대비가 내리고 있다

불안을 들어 올리는
엘리베이터처럼
무언가 깊숙한 존재

거리가 지워지고 있는
밤의 색깔
혈관에 이물질이 섞인다

삶을 갈구하는
처절한 생각들이
섬망에 빠져버린다

절박한 행위가 표면화되어가고 있는 상황
결연한 소리도 불신으로 채워진다

이면에서 드러나는 비참한 일들
요동치는 감정이 물에

휩쓸려 가고
가로막힌 현실이 박제되어 가고 있다

레알*

성근 불빛이
가슴 아프게 바다를 바라보고 있다

형벌처럼 느껴지고 있는
관계에 대한 시야
뒤척이는 어둠 속의 일이다

처연하게 내려오는 오후
설명할 수 없는 상황들이
알지 못할 힘에 이끌려 가고 있다

아귀가 맞는
난감함이
이해할 수 없는 형상을 만들고 있다

덫에 매여있는 생애
내밀한 감정이 아슬아슬한 경계에 매달려 있다

*"진짜로" 정말로" 라는 뜻으로 쓰는말

비문

마디를 늘어뜨리고 있는 가지 끝
닿을 수 없는 높이에서
불안의 무게를 들어 올리고 있다

거품처럼 떠다니고 있는
열망과 허탈함
어느 때 정착할지 모른다

굴절된 시간으로 가고 있는
핍진한 존재
상처 속에서 비애가 젖어가고 있다

불규칙한 파동으로
거대한 파도가 덮쳐오고
바람의 비문은 숨쉬기조차 어려워진다

곳간

독수리처럼 솟구쳐 오르고 싶다

온전한 삶을 바라는
간절한 희구
상처투성이 영혼을 껴안고 있다

종횡무진 치닫고 있는
원통한 울부짖음
과거로 길을 여는 열쇠
숨을 할딱이고 있다

시뻘건 상처를 껴안고 있는 살풀이판
풍화의 힘도 어쩌지 못하고 무서리가 내리고 있다

핍진하게 그려지고 있는
삶과 죽음의 경계
주술 속에 갇혀 있고
참담하기 이루 말할 수 없다

올곧은 삶 속에 깃들어 가고 있는
지울 수 없는 죄의 기억

촘촘하게 깊어져 가는 비정한 마음이
자기 연민에 빠지고 있다

적대의 틀

깊이 가라앉고 있는
무기력의 늪
고난의 행로에 뒷걸음치고 있다

잔인한 조소에 시달리는
섬뜩하기 그지없는 무화의 욕망

풍문만 남긴 채 환멸에 빠지고 있다

시간의 끝에 서 있는
형용할 수없는 감정
변화의 물결에 힙쓸렸다

비정한 역사의 뒷전으로 주렁주렁
매달고 있을 구구한 사연

언제 터질지 모르는 팽팽한 긴장감이 흐르고 있다

걷잡을 수 없이 증폭되어 가는

거대한 산맥의 용틀임

이분법적 적대의 틀에서
벗어날 수 없다

모든 것이 무너져 내리고 있는
고통스러운 내면의 한복판
부정할 수 없는 트라우마에 덜미 잡혀 살아왔다

척도

구심점을 읽어 가고 있다

생기 잃은 상실감
날카로운 비수 되어
자신을 찌르고

목구멍에 치밀어 오르는
뭐라고 말할 수 없는 숯덩어리

외마디 비명이 들려온다

옹색한 양심의 울타리
정신이 아뜩해지고
극도의 궁핍에 시달리고 있다

막막한 위기의식
타락한 질서에 점령당하고
파탄이 심연으로 넘실대고 있다

혼돈의 공간
광풍 속으로 휘말리고
신음이 들려온다

생사 간의 위기 한복판
갈피를 잡지 못하고
파국으로 치달아 가고 있다

병든 영혼의 자존심
미처 헤아리지 못하고
삶이 만든 마성의 욕망
막다른 처지에 내몰려가고 있다

스쳐 지나갔던 파국의 정동
호기심과 동정심이 뒤섞인 눈빛

어쩌면 평생을 담고 가야 할
제 안에서 불거지는 척도인지도 모른다

물마루

각박한 시대를 살아온
고난과 억눌린 심정
녹록지 않은 압박을 감내하면서 살아왔다

감정에 치우치지 않는
칼날 같은 이내 마음
격정에 휘말리고 있다

어둠이 빛을 향해
손을 뻗고 있는 새벽이라도
오랜 적막이 일상을 멈칫하게 했다

필사적으로 찾고 있는
값싼 동정
어두운 단면들이
화면 위로 지나가는 것을 말없이 바라본다

시간과 논리의 풍화작용
소멸의 운명을 벗어날 수 없고 그림자 편에 은폐되어 있다

미로를 뚫고 들어갈 핵심 열쇠
늪에서 허우적거리고
찰나적 영상을 포획하는 일에 매달릴 수밖에 없다

촛불마저 꺼지는 물마루에 비쳐 드는 외로운 심사
무력해질 수밖에 없다

일몰

박제되어 가는
내적 고통
하나의 파동이
어둠 속으로 명멸해 간다
불확실한 세상
초라한 모습으로
몽상에 빠져가고
처음과 마지막 연결고리 공백으로 끊어질 듯
시간을 태우며 저무는
노을도 나를 돌아보고 있다

적층

식은땀이 흐르고 있다
환영처럼 어른거리는
만화경 속의 풍경
한줄기 햇빛이
날카로운 일격을 가하고 있다
트라우마에 시달리는
우발적 충동이
심리적 박동을 재촉한다
부푸는 구름은
허상으로
슬픔의 적층을 쌓는다
거대한 혀처럼 날름거리는 물결
모든 것을 삼킬 태세로 두려움을 더한다